JN418902

아침의 노래

아침의 노래

강정순 시집

책나무

목차

아침의 노래 · 9

우리 사랑은 · 10

한세상 살기를 · 11

너와 나 · 12

자귀꽃 · 13

백일홍百日紅 · 14

그렇게 잊혀진다면 · 15

화개花開 다리가 놓인다니 · 16

열이레 달밤 · 17

초사흘 달빛 · 18

상사초相思草 · 19

지는 해를 보려 했더니 · 20

새벽이 오는가 · 21

동백꽃 · 22

치자꽃 향기 · 23

라일락 향기 · 24

전화 · 25

참꽃이 지니 철쭉이 피고 · 26

넘어야 함양咸陽 · 27

대청봉에서 · 28

벽소령에서 · 29

피아골에 가서 · 30

꿈 · 31

나만 봄 되는 줄 모르고 · 32

흐르는 강물이야 속인다지만 · 33

연주암戀主庵 진달래 · 34

나는 새벽 같은 눈을 뜨고 · 35

손수건 · 36

어둠이 지나니 · 37

바람 · 38

가뭄 뒤끝 · 39

소리도 없이 · 40

내 입술은 부르트고 · 41

그믐밤 · 42

서답 · 44

새벽 · 45

사랑의 그물망 · 46

아내 · 47

이별이 서러운 것은 · 48

내가 다녀간 것 · 49

올레길에서 · 50

눈 속에 매화가 피니 · 51

꽃이 잎을 못 본들 · 52

이 비에 눈 뜨나니 · 53

재회 · 54

강물도 어는구나 · 55

회년回年의 자리 · 56

담장 · 57

뒷모습 · 58

눈부신 아침 · 59

무화과無花果 · 60

세심정기洗心亭記 · 61

관악 가는 길 · 62

편지 · 63

나리꽃 · 64

개기일식皆旣日蝕 · 65

쪽지 · 66

새소리에 매화가 피고 · 67

제비꽃 · 68

구월 끝자락 · 69

마음도 달과 함께 물에 떠가고 · 70

흐르는 강물에 눈을 얹고서 · 71

당신 · 72

천일야화千一夜話 · 73

열병 · 74

눈썹 · 75

금琴을 타던 손 · 76

사계四季 · 77

댕기머리 · 78

너 · 79

소회所懷 · 80

미인행美人行 · 81

근일 2수近日 二首 · 82

낮달 · 83

이슬 · 84

일지매 사설一枝梅 辭說 · 85

빈손 · 88

눈꽃에 입 맞추고 · 89

속리산에 갔더니 · 90

어미 · 91

날숨과 들숨 · 92

예나 지금이나 넘는도다 · 93

꽃이 먼저네 · 94

노고단에 왔더니 · 95

해넘이 해맞이 · 96
쪽지 · 97
그믐달 · 98
아직도 이 몸은 · 99
산다는 건 · 100
하지夏至 · 101
탈 대로 다 타소서 · 102
사는 곳을 묻는 이에게 · 103
유월 아침에 · 104
나비 · 106
철도 변 아이들 · 107
태풍颱風 · 108
중복에 불러 갔더니 · 109
날 보고 하신 말씀이 · 110
다시 하신다는 말씀이 · 111
산은 더욱 낮아서 · 112
석류石榴 · 113
곽가郭家의 처妻 · 114
댕기머리 · 115
시도기時到記 · 116
삼麻밭 · 118
퍼내도 마르지 않는 · 119
자벌레는 축지縮地를 하고 · 120
목다기木茶器 · 121
시제時制 · 122
사랑의 무늬 · 123

아침의 노래

새벽을 여는 일은 개안開眼이다
첫 고요를 여는 자만이 세상을 볼지니
신새벽 제일로 할 일은 오히려 묵상이다

가여운가 그래 무엇이 가여운가
괴로운가 그래 괴로움의 실체가 무엇인가
눈을 감아도 안 잊히고 되살아 오르는
이 절박한 세상에서 일어나
저만큼 와 있는 새날의 아침을 맞을지니

텃밭에서 맞이한 새벽은 신선하다
오십 나이에도 다 못 이룬 사람이
한 철에 이뤄 내는 생명들과 함께 하는
이 절절한 노동
날마다 생육으로 드러내 보이는 자기 존재는
아름답다

우리 사랑은

향초香草로다
천 리에 이르고
만 리에 다다를
우리 사랑은 방초芳草이니

피기로는 백 일쯤 피어
이 산 저 들 백화난초
다 지고 난 뒤에
열아홉 나이로만 피어나는
향초로다
우리 사랑은

한세상 살기를

내 인생 여행처럼
내 사랑 영화처럼

너와 나

가까이 그래 이렇게
그러면 좀 좋은가

저만큼 좀 떨어져서
그러면 괜찮지요

자귀꽃

이맘때 자귀꽃이 좀 좋은가
거기는 무담시 와 가지고
꽃은 멀고 눈은 가까이
그러고도 한참을 있게 하는가

나는 모른다
짐짓 모른 체하고선
석등을 가운데 두고 가려 선 것은
나도 알고
하늘도 알고

백일홍百日紅

바쁘신가요 요즘은 연락이 없으시네요 당신 입장을 헤아리면서도 오늘은 소서小暑를 안고 와 떠날 줄 모르는 햇볕 아래서 괜스레 푸념을 쏟았습니다 심사 소슬한지를 짐작하는 것일까요 메리는 당신이 어린 자식 안기듯 놓고 간 뒤로 복슬강아지로 자라 무담시 약병아리를 쫓아가며 소란입니다 그 통에 옮겨 심은 물봉선화 금낭화 가지는 가지대로 부러져서 지주목을 대어 가며 한낮을 화단가에 앉았습니다 사람이 귀한 곳이라 그런가요 나 같은 사람이 찾아들어 빈집 거두어 놓은 것이 신통해서인지 마을 분들마다 길러 낸 푸성귀들을 놓고 갑니다 때 거르지 말라고 저수지에 혼자 가지 말라고 네 네 알겠습니다 저는 드릴 것이 없는데 어떻게 하지요 노지에서 키워낸 참외 이바지를 빈 그릇으로 내밀면서 그 위에다 백일홍 한 가지를 꺾어 올렸습니다 이 꽃이 피기를 일 년에 세 번 당신을 마주하는 날 올릴 꽃들은 쟁반에 담겨 뜻 모를 이웃 분들에게 담겨 갑니다 그것도 송이송이로 담겨 갑니다

그렇게 잊혀진다면

얼마를 갈고 닦아야 지워진단 말이냐
얼마를 닦고 갈아야 흩어진단 말이냐
그렇게 잊혀질 일이라면 말이나 않지

화개花開 다리가 놓인다니

바람이 찬 것은 강이라선가
헝클어진 실타래처럼 우리 운명은
이 바람 이 강가에서 아직 머물고

나룻배에 임 나도 타고 오가던 것이
그 배로 임과는 길고 먼 이별
배를 매어 둔 자리에 때때로 서서
오시는가 기다리는 일도 나이가 들어
삭아 빠진 간짓대나 만지는 것도 나이가 늘어
그 자리에 다리가 서는 것도 보게 됐으니
바람에 사위는 것들도 다 보고 그러는데
남南과 북北 끊긴 형제 다 오고 그러는데
임이야 못 볼 일이 있겠는가요

이제는 다리가 놓인다니까
다리가 놓이면 그때 오소서
반나절이라면 오고 갈 거리
반백년 걸려서 오실 님이여

열이레 달밤

열이레 이 밤을 기억하나요
당신이 하나 되길 맹서하던 날
잊었다
나도
날도
하실 테지만
달같이 차오를 줄 안 사랑이
달다이 사위어 버릴 줄이야

부칠 수 없는 이 편지 밤새 써서는
지는 달빛에 놔두고 그냥 갑니다

초나흘 달빛

초나흘 달빛을 목에 걸고서
각시에게 보여 주려 가져왔더니
각시는 잠들고 달도 잠들고

상사초相思草

천상에서 맺지 못한 우리 이승에 와서
꽃은 잎을 못 보고
잎은 제 꽃을 못 보고 지나니
어느 천년에
너와 나 이 사랑이 여물까

지는 해를 보려 했더니

모악산母岳山 서해 일몰을 보러 갔다가
뜬금없이 구름에 해가 가리어
구름에 갇혀서 못 본다 하였더니
뜨지도 지지도 않고
나는 예 자리
네 마음이 갇혔다
네 마음이 가렸다

새벽이 오는가

동지冬至가 지난 밤은 아직도 길고
초저녁잠 끝에 가슴이 시리다
뒤척이는 소리 멀리 앉아서 보니
멀어서 그리도 임 못 본 나는
부질없는 생각들만 펄럭거려서

보던 책을 덮어 두고 다시 보고 다시 덮고
그러면 잊히련가 나와 봤더니
빛나는 햇볕 속에 넘치는 이 그리움
가는 곳이 어디련가 머물 곳이 그 무어고
마침내 흩어진 심사 거둬 집 안으로 들었다

그리운 것들은 멀어서 그리운 것이 아니고
만날 날이 언제일까 해서인 것을
겨울밤이 길어도 이 그리움 재울 수 없나니
새벽이 오는가
덧눈이 하얗다

동백꽃

장지문障子門 환한 아침
이부자리 반침半寢 위 개키어 두고

첫차를 타야 한다며 졸이던 사람은
신새벽 눈 내리는 길을 어이 갔을까
흔적이 있을 것이다
섬돌 위에 아니 저 눈밭에

목숨 같은 정절 앞세운 사람이
차마 적어 놓지 아니하고 떠난 줄 알고
섣달 동백 두엇이 반개半開해 있다

치자꽃 향기

버짐꽃 하얀 누이 얼굴 뒤로하고
입산길 행려승行旅僧 발걸음같이
진종일 터벅터벅 나는 걸었다

나만 보면 가늘게 떠는 사람을
보듬어야 하는가
가만 두어야 하는가

그러면서 오는 길
어디서 치자梔子꽃 향기가 선하다

라일락 향기

그대가 오늘도 묻는 낮은 목소리
사랑하는가
정작이 나를 사랑하는가

라일락 향기에 취해 있을 때
그대가 묻는 낮은 목소리
나를 사랑하는가
정작이 나를 사랑하는가

전화

괜찮습니다
제 방에서 받을 수 있습니다

그런가

편지를 쓰자
되도록 길게
아니
오늘은 나직한 목소리를 듣고 자야겠다

연수야
저 방에 가서
엄마 전화 받으시라 그래라

참꽃이 지니 철쭉이 피고

참꽃이 지려는가 하고 봤더니 낮은 곳을 피해 앉은 철쭉을 보라 흰빛으로는 차마 붉기를 마다하고서 볕 좋은 아침을 골라 망울을 열었으니 꽃술도 보드라운 속살을 닮아 있다 그 자리에 앉은 품새를 나는 모르겠다 정작이 그 자리에 앉은 의미는 감추어도 드러나는 속살 같은 것 드러나면 아무렇지 않은 속살 같은 것 어느 자리에서도 부끄러움 없는 속살을 그래 나만 보란 말인가 철쭉이 피는 아침은 화려하다 정말로 화려한 것이 어떤 것인 줄 보려면은 야밤이 져 가는 신새벽 수락에 올라 이 땅에서 피어나는 것들 중 고르고 골라 순백의 아름다움으로 갖춰 피어나는 철쭉을 보려니

넘어야 함양咸陽

달을 보러 함양咸陽 완월정玩月亭을 간다 했더니
장수長水 육십령六十嶺 고개를 넘어가라고
쉰두 살 이 나이도 겨운 발걸음
육십령六十嶺 그 고개를 어이 넘을까
비껴서 가는 길 있지 않는가
완월정 가으로 비끼운 달이
누구도 그 고개는 못 비낀다고

대청봉에서

세상에서 제일가는 으뜸으로는
바다로 이 해가 떠오르고 나서였으니
눈부신 것으로는 동해의 해돋이 말고
다른 것을 취하지 말 일이다

무슨 풀무질 어떤 담금질로도
저리도 완전한 모습으로 오를 수 없나니
어떤 조화 어떤 공식으로 시방 저 해는
시나브로 한 땀씩 떠오르는가

씻김굿 살풀이 마저 끝내고
그 누구의 얼굴로 되살아 올라
그 자리에 찬연히 돋아 오르니
뉘라서 천하제일을 금강金剛이라 하는가
그중의 으뜸은 동해 해돋이

벽소령에서

산새도 고즈넉이 날개를 접고
별들도 속삭임을 우선 멈췄다
신새벽 가야 할 길을 요량하면서
침상에 누인 밤이 스러지는데
바람도 가던 걸음을 멈춘 산중에
산행길 길손의 뒤척이는 소리만

피아골에 가서

남도 지리산에 홀로 들었다
만산홍엽滿山紅葉에 그만 놀래서
마음은 피아골에 그대로 놓고
간신히 몸만 빠져나왔다

꿈

너와 나 한 베개 꿈으로 만나
천산 만 갈래 물길 되어 가는 몸이여
봄볕 여름 잎을 이르지 말라
가을결이 겨울 강 머물지 않고
이 모두 흘러가는 꿈속의 사랑이니

땅은 넓어서 하늘은 낮고
천 길 물길 속 어둠도 밝다
너와 나 한 베개 꿈 해감을 할지니
놓아주리라 그물에 걸려 퍼덕이는 몸
천 길 만 갈래 흩어지는 꿈이여

나만 봄 되는 줄 모르고

옮겨 심은 자리에 산매가 피니
뉘라서 일렀는가 춘삼월 봄을
아이는 신발 벗고 개울에 서서
황어 버들치가 올라온다고

흐르는 강물이야 속인다지만

저녁 당산나무에 기대어 앉아
나는 당신 손을 잡고 있었고
당신 눈은 흐르는 강물을 매고 있었다
열하루 달빛도 얼어붙었다
내일이면 종갓집 민며느리길

흐르는 강물이야 속인다지만
제 몸 속 그 피를 어찌 속일꼬
보노라면 거기 와 임이 있는가
속여 산 세상은 내를 이루고
강물은 흘러서 산을 이루고

연주암戀主庵 진달래

쉬엄쉬엄 연주암 진달래를 보러 갔더니
초하루 반야심경般若心經 예불 소리에
저마다 합장한 채 반개半開해 있다

나는 새벽 같은 눈을 뜨고

온몸으로 던지지 말아요
짙은 사랑일수록 변색에 퇴색은 동반하는 법
무너지고 허물어지는 꿈속의 사랑은
노을 같은 것, 무지개 같은 것

너무 늦지 말아요
너무 늦게 깨우친 당신의 온기에 빠져드는
곡간穀間 같은 이 사랑
쓰지 않은 볏단의 낟알 같은 사랑은
나누지 말아요

사랑은 칸타빌레
꿈꾸듯 나는 비로소 새벽 같은 눈을 뜨고
아침이 당신을 떠나보내고 나면
다시 와 내 열병을 재울 손길은 당신뿐인 것을

손수건

남겨 둘 만큼 아낀 적은 그리 없어도
젖을 만큼 그리움은 함께했나니
잊지 않으마 고운 천 위에 놓인 그 수를

어둠이 지나니

산모도 새운 백일기침의 새벽 끝
밤새 피 토하던 자규子規의 울음도 그치고
비로소 천지는 침잠인가 여명인가
샛별도 가던 걸음을 저리 멈췄다

누가 나에게 이 고요를 주었는가
혼자서는 감당 못할 천근 같은 이 고요함
새벽은 그리 멀리 있지 않고
임은 가까이 있지 않으니

지우고 고쳐 쓴 이 편지
답장이 올 때쯤이면
겨울이 다할란가
손 시려운 내 외로움도 함께

바람

거기 누구인가
댓잎 살랑이는 소리
아니 바람인가

잔盞다이 마주하길 기다렸더니
오늘도 단잔

미닫이 닫고 앉아

묵정默靜에 들기 좋은 이때를
산들거리며
거기 오는 이
아니 바람 소린가

가뭄 뒤끝

서슬 퍼런 빗장이 한번 열리니
봇물이 한꺼번에 터져 나오길
중년 과부 십 년 수절이 무너지듯이

소리도 없이

간밤에도 왔구나 촉촉이 젖은 땅
비는 소리도 소문도 없이 오고 그쳐서
사이에 오고 간 임 기척도 몰랐으니
밤 내 켜 둔 유지등불 다하여 꺼진 줄도 모르고
없는가… 그러면서 갔는가
소리도 없이 남김도 없이

내 입술은 부르트고

우리 사랑은
불 같았니라
물 같았니라

그 불씨 살리려고 내 입술은 부르트고
그 물꼬 트느니라 가슴은 젖어 들고

그믐밤

나를 보고 싶어 하셨지요? 그믐밤 좋겠네요
어두워서 제대로 보일란가요
그래도 보일 사람은 보이겠지요?
예. 그곳이 좋겠어요. 불 없어도 거기는 찾아오실 터
손에 익고 눈에 익은 길 아닌가요
개울. 사흘 전 윗녘에 큰물이 져서
반석 같은 징검다리 온이 잠겨서
낮 오는 길 신발들 벗었답니다
하나, 둘… 여섯, 일곱. 그래야 징검다리는 끝이 나니까
들숨과 날숨으로 숨을 고르고 흩어지는 생각들 없이 하세요
그 즈음 성당에서 종이 울란가
이모작 끝내 놓고 손 턴 양반들
가족끼리 너나없이 미사 볼 시각
그때면 좋겠네요

지금도 듣고 싶으신가요? 수십 번 내가 들어 온 소리
나는 한 번도 못한 겁나는 소리
임은 몸도 마음도 달아올라서 곁만 있어도 데일까 싶어

손도 빼고 몸도 돌리고 하였던 거죠
예. 알아요
그래서 무엇 하나 못한다는 걸
해 보지 못한 소리는 내 목에 차서
산이 되고 내川가 되어 숨이 막혀서
이제는 해산하듯 풀고 날 테니
그믐밤 거기가 좋겠네요

서답

언년아
마님 서답 빨래를 언제 해 널었더냐
사흘 전에요
사흘 전이라, 그러면 열흘 후에 들러야겠다
그건 왜요
너는 몰라도 되느니라

스님
서답이 뭐예요
동자야 너는 몰라도 되느니라

새벽

윤년 소설小雪이 시월에 드니
철 이른 일손 바쁜 행보 사이로
고단한 불빛
샛별로 오르고

달동네 아이는
아직 잠자리
앉은뱅이책상 모서리에 놓인
라면 한 개 값

사랑의 그물망

우리들은 둘레밖에 볼 수 없어요
사랑이란 둘레밖에 볼 수 없어요

거미가 쳐 놓아둔 이 그물망
감기면 이 몸도 매일 몸인가

사랑으로 감긴 이 몸 풀지 말아요
죽어서나 풀어질 이 그물망

아내

하나만 지녀도 되는 사랑을
다시 더하려 하였더니

나는 되는 사랑을
아니 된다 하고 저리 앉았다

이별이 서러운 것은

작별이 애달픈 것은 쉬 만나지 못함이요
이별이 서러운 것은 다시 만날 수 없음이다
이별을 가벼이 여기지 말라
인연은 천금이니

내가 다녀간 것

아무 소리 말거라
내가 다녀간 것
이 바람에 저 꽃잎 떨어질지니

올레길에서

올레길에 캔버스 가득
바다를 그렸더니
하늘로 보여서

거기에 바위 하나
해송 몇 가지 드리웠더니

비로소
하늘이 바다가 되었네

눈 속에 매화가 피니

봄눈 속에 매화가 피니
꿈만 같구나

겁내지 마라
네 곁에 내가 있다

꽃이 잎을 못 본들

어떠랴
잎이 꽃을 못 본들
어떠랴

긴 겨울 이 잎은 절로 푸르고
가을이 오기 전에 이 꽃은 이리 붉으니

그리워할 것 없다
한 몸으로 틔운 꽃잎

이 비에 눈 뜨나니

개울로 난 창가에는 은행나무 가지가 손에 닿을 듯
그 너머
산수유는
이 비에
사랑의 눈을 뜬 열일곱 처녀 아이

재회

반듯하게 살았구나
가지런히 빗은 머리

헝클어진 실타래처럼 굴곡진 걸음

그만 띄워 보내고 싶구나
이쯤에서

강물도 어는구나

나에 대한 당신의 마음이 얼어 있어서
풀릴 길 없는가 하고 그때 그 여울목에 와 보았더니
강물도 얼어붙었다

흐르는 강물도 저리 어는데
얼어붙지 않은 정이 어디 있으랴

흐름이 이미 끊긴 우리의 사이
그리운 사랑을 보듬어 안고
그때 그 강여울에 와 보았더니
강물도 어는구나

회년回年의 자리

키운 아들 딸내미가 어제 같은데
며늘아기 날 잡아서 상을 차렸네
이런 자리 보지 못한 선친 그립고
한줄기로 커난 형제들
모두 고마워

유장한 세월 속에 잠시 머물며
처자 권속 이룬 가정 오늘 더 기뻐
이제는 흘려보내야 할 세상의 것들
버리고 내려놓으니
더욱 행복해

담장

어깨너머로 요즘 당신 보고 있는데
시리고 아린 외간 정분情分 그만 좋으련

당신은 이도 아니다 하겠지마는
담장을 넘어 핀 백매白梅 한 가지

뒷모습

고단한 내 뒷모습 안쓰러 마라
십 년 전에는 나도 그래 보았다

앞서거니 먼저 가는 이 걸음걸이
뒤에 오는 그대의 모습 아닌가

그러니 위세 부릴 나이 아니다
백 년 후에는 너 나 모두 한 줌 흙이다

눈부신 아침

누가 이 찬란한 아침을 내게 주었는가
눈부신 아침은
사랑이 멀어서 서럽다

무화과無花果

꽃도 못 피고 떨어지는 열매라면
다시는 이런 사랑 하지 말아요

꽃 없어도 맺힌 열매 아니 좋은가
다시 해도 이 사랑 아니 멈출 터

세심정기洗心亭記

사화士禍에 휘말리어 기대하는 관직은 멀고
용문龍門에 기대어 은거를 하기로 감출 수 없었지 품은 그 뜻은
둔촌遯村에 몸을 담고 학문學問을 일으키고 가니
그때 그 자리에 세심정洗心亭이 들어섰다

양수兩水로 모이는 세심정의 물은 지금도 맑고
연못 가운데 장송 한 그루의 긴 그림자
이끼 낀 툇돌은 인적이 끊긴 지 오래인 줄 알겠는데
정자 안에 놓인 깔개 한 장이
예나 지금이나 은둔하기 좋은 곳임을 알았다

관악 가는 길

낙성대에서 관악 가는 길
쉬엄쉬엄 계곡길 골라 가 보았더니
거년보단 길은 멀고 산은 높아서
내 나이 육십임을 이때 알았다

여름 산 계곡물은 흐름 없어도
이 많은 사람들을 거둬 놓으니
품어 지닌 넉넉함이 한 보살한다

잡힐 리 없는 가재를 잡는 저 사람 좀 봐
삼십 년 전 발 담그고 놀던 초년은
그 자리에 아이를 앉혀 놓고서
잃어버린 삼십 년을 잡고 있는 듯

편지

능소화 줄기마다 철이 지나니
유심한들
그대의 무심함을 어찌 탓하랴

비바람에 꽃잎도 저리 젖는데
오늘도 우체부는 그냥 지난다

나리꽃

나리꽃 곱다고 찬하지 마라
너 아니어도 그 꽃은 본디 고웁고
나 간 뒤에도 그 꽃은 절로 피나니

개기일식皆旣日蝕

암도 모르게
아내도 모르게
남도 모르게
남편도 모르게
그리할 수 있는가
낮달도 부끄러워 해를 가렸다

쪽지

반갑구나
이 아침에 받아 든 무진주 쪽지
나가 보니 경칩 서리가 하얗게 왔네
매화는 송송이 보기 좋으니
그립구나
품어 안은 사랑의 깊이

새소리에 매화가 피고

한밤 내 새소리 저리 맑으니
그 바람에 매화가 동터 나겠다
꽃이 피면 내 눈도 시려지겠다

간밤에도 짝지우는 맑은 목소리
새소리에 매화가 피어오르면
꽃을 보는 아침은 눈부시겠다

제비꽃

서리꽃 하얀 돌담 아래에
연보라 제비꽃이 아직 피었네

지침 없이 무서리에 피어난 것은
당신을 향한 그리움이 하도 커선가

그리움은 마르지 않을 것이네
우리 사랑 마르지 않을 것이네
무서리 속에서 피어난 제비꽃처럼

구월 끝자락

사분사분~ 거기 누군가 귀를 기울였더니
때아닌 비가 저리 내리고
그러면 젖겠다, 촉촉이 젖겠다
그러면서 늦은 잠속여우다 일어나 보니
비는 팔월 그믐만큼만 내려 있어서
오늘은 먼지도 일지 않겠다
오늘은 가슴도 젖지 않겠다

마음도 달과 함께 물에 떠가고

흐르는 개울물에 달이 떠올라
물도 흐르고 달도 흐르고
내다보는 마음도 함께 흐르네

흐르는 강물에 눈을 얹고서

사람들 하는 사랑 빛이 바래고
돌아서면 언제인 듯 남남이지만
우리 사랑은 하늘에 닿고 땅에 내릴 터
그 말씀 아직도 유효하나요

연락이 없으면 간 줄 알아라
이 며칠 이렇다 할 말씀이 없으시기에
마음에서 떠나신 줄 알았습니다

흐르는 강물에 눈을 얹고서
당신을 만난 화개 다리에 있다 갑니다
나 없어도 당신은 살아가실 터
깍지 낀 실반지 빼어 다리에 놓고
지는 노을 속 등 받으며 이제 갑니다

당신

나 없어도 당신 행복해야 해
지금 당신 마음에 있는 그 사람
그 사람도 나만큼 잘해 주기를

나 아니어도 당신 행복해야 해
시방 우리 사이에 있는 그 사람
그 사람도 나처럼 잘해 주기를

천일야화千一夜話

봄기운에 혼곤히 잠든 젊은이 좀 봐
시름없는 얼굴 위로
동트는 아침
철로를 따라 남도로 간다

심어 가꾼 철로 변의 개나리라니
당신 없는 이 봄에도 꽃이 피었네

젊은이가 내린 지 오래인 자리
마음으로 그 자리에 당신을 앉혀
도란도란 높낮은 이야기를 들려주는데
아직도 남도南道 길은 족히 한 시간
그러면 천일야화千一夜話를 하기 좋겠다

열병

눈만 뜨면 온종일 당신 생각만 해
당신을 못 보면 그땐 어쩌지

잠들어도 이 몸은 당신 생각만 나
이런 경험 다시는 하기 싫은데
시름시름 이 열병은 언제 끝날까

눈썹

단발머리 가시내가 받지 않아서
품속에 지녀 와 감추길 몇 해
거울 보며 그 빗으로 빗질하는데

중이 빗은 가져 어디에 쓸 건고
눈썹을 빗어 볼까 합니다
그러면 눈썹을 밀어 버리면 될 것 아니냐
큰스님 일갈에 그만 주눅이 든다

금琴을 타던 손

이 집에
금琴 끊긴 지 얼마이던가
툇마루에 앉아 금을 타던 손
가여워라
청상으로 함께한 세월

사계四季

귀뚜라미 소리에 가을이 오니
그러면
서랍을 정리하자
가지런히 치우자

무엇이 우선하고
무엇이 소중한지
겨울이 오기 전에 정리를 해야 하니

선하구나
젊은 날의 그 봄볕
이제 매미 소리도 아련하니
정리를 해야겠구나
여름도 다했으니

댕기머리

댕기머리 곱게 따 어깨 늘이고
종갓집 이쁜이 길을 나서네
어쩔 끄나 내 이 마음 전할 길 없으니

너

고단한 세상
가끔은 쉬어 가고 싶었다
너이면 안 되는가
안 되는가

소회所懷

그 자태에 스스로 꽃이 부끄러
말아 올린 귀비貴妃의 수화羞花를 보려 함인가

홀로 강물을 바라보고 서니
헤엄치는 것도 잊은 서시西施의 침어沈魚를 보려 함인가

비파를 타는 그 용모를 보느라
날갯짓도 잊은 왕소군王昭君의 낙안落雁을 보려 함인가

달도 구름 뒤로 숨어 버린
초선貂蟬의 폐월閉月을 보려 함인가

장하도다
눈썹을 흩날리며 그대는 장가계張家界까지
일필로 중원 바닥을 넘나는구나

미인행美人行

한漢나라 무제武帝 때 한 가인이 北方有佳人
노래와 춤 모두 신기神技에 가까워 絶世而獨立
사람들이 그 미모를 부러워했다

한 번 이웃하면 가세가 기울고 一顧傾人城
두 번 기웃하면 쪽박을 차는데도 再顧傾人國
사내들은 가까이하기를 마다하지 않았다

천하에 일색一色이 어찌 이부인李夫人뿐이겠는가마는
말희 달기 포사 서시에 앞서
하夏 은殷 주周 오吳가 망하니
그런 줄 모르고 간 젊음이 다만 아까울 뿐

근일 2수近日 二首

1 달빛도 비끼어 가고

때 되어도 홀로인 너른 마루에
초이레 달빛 담아 술상에 놓다
고단한 세상사를 접어놓고서
그렇게 한 식경食頃을 앉아 있으니
잔에 담긴 초승달이 비끼어 간다

2 남매
어려서 부모 품을 다시 떠나니
남매男妹간 우애를 가벼이 마라
모름지기 홀로 넘을 세상 넓으니
우리 떠나면 천지간 누가 있는가
너른 세상 살아갈 적 너희 남매간
소금 되고 등불 될 사람 될 터니

낮달

물결은 맑아서 오히려 검고
천지가 밝으니 고요도 깊다

이르게 열하루 낮달이 뜨니
조신操身하고 삼가리라 묵음默吟의 말씀
가는 배 뜨는 달이 자취 없음을

이슬

그리움도 저 혼자선 잠들지 못하는 법
누구인가 이 밤
이 그리움 잠재워 줄 사람은

만천하가 적막한 중에
새벽이슬이 홍건하다

일지매 사설一枝梅 辭說

1

앉거라 지금부터 하는 내 이야기를 이해해 주었으면 좋겠다 네 나이 예닐곱 때 배다른 아우를 봤니라 지금 와서 이런 이야기를 하는 것은 마지막 인간사를 매듭짓고 싶어서이다 한번 네 아우가 찾아왔느니라 어찌어찌 청국까지 흘러갔다가 제 혈육을 찾아보겠다고 돌아온 아이를 쫓아 버린 것은 그때까지만 해도 판서 지위를 얻는 데 방해될까 해서였다 이제와 보니 모든 일이 한마당 봄꿈에 불과하다 듣건대 노비는 이름을 백매白梅라 고치고 유곽에 들어가 한스럽게 살다가 목숨을 끊었다 하고 그 자식은 오늘날 도둑이 되어 장안長安을 누비고 있다 한다 불의의 재물을 빼앗아 가난하고 약한 백성들에게 준다는 그를 일러 의적 일지매一枝梅라 부른다지 듣기에 도선사道詵寺 주지가 그 애를 주워서 키웠다고 하니 아비가 참회하는 마음을 인간이 인간에게 구하는 용서의 뜻으로 전해 주었으면 좋겠다

2

어머니

저는 어머니의 아들입니다 이것이 징표입니다 열입곱 나이에 노비에서 쫓겨나시던 자리에서 생모의 마음만은 전해달라며 쓰신 글입니다

"매화는 눈 속에 피어 추위에 떨고

어미는 어려서 되어 이별에 우네"

그렇구나 아들아 그런데 나는 어쩌면 좋다는 말이냐 네가 내 앞에 이리 나타날 줄 모르고 개울물 위에 가루약을 섞어서 그 위에 내 눈물까지 담아 이제 네가 가고 너를 찾아주겠다던 약속 탓으로 구자명具滋明까지 간 그 뒤를 따르고자 이리 앉았으니 이를 어쩌면 좋다는 말이냐

3

눈이 오는가 어머니가 남겨 준 싯귀가 생각이 나네

"매화는 눈 속에 피어 추위에 떨고"

낳자마자 눈 속에 버려지더니 이제 눈 속에 고국을 떠나는가 청국淸國은 예서 먼 곳 석 달 만 리 길 황제의 단검을 훔쳐 내면 병자호란丙子胡亂쯤 막을 수 있지 않을까 단검을 훔쳐 내기로 그게 무슨 그렇다 황제여 그대의 목에 단검을 박을 수도 있었소 그러니 조선을 넘보는 일일랑 하지 마시오 나라의 운명이 촌각에 달렸으매 탐관오리들 경치는 일 잠시 접어 두고 청나라 가는 길 하늘과 땅 아래 혼자 그랬는데 아버지를 같이 둔 형님이 있으니 어찌 외롭다 하겠는가 그 어린것이 찾아와 새까만 눈을 뜨고 아비를 바라보고 있었는데 실망과 원망이 함께 섞인 눈빛을 죽어 가면서까지 잊을 수가 없으시단 아버지 사람은 죽을 때까지 익어 간다고 하지 않던가 어머니도 이제는 용서를 하고 났을 터 눈이 오네 천연스럽게 저기 강나루 청나라 상인들 우선거리는… 배가 뜨는가

빈손

누구라 이름하면 다 알 만한 사람이
결국 정해진 목숨 내어놓고 가는 마당
호의호식까지 대물림해 주었어도 자식은
한사코 주검을 마다하여 소렴小殮에 갔더니

속포束布 이십 마를 일곱 구비로 서려 놓고
장포 일곱 자를 길이로 길게 깔아 놓아
속곳은 속곳대로 위아래 옷을 겹쳐 입히는데
생전의 재산 권세 얼마쯤 지녀 가는가 봤더니
옷마다 한 군데도 주머니가 없네

제 손톱 발톱을 담은 다섯 주머니만 가지고
높낮이가 따로 없는 저승길로 가는 이여
빈손 쥐고 와 빈손 펴고 가는 세상
그러니 가는 길 합당한가 애석한가

눈꽃에 입 맞추고

귀한 눈이 올해는 가지마다 한 짐이다
저 눈 녹아내릴 우수雨水는 아직도 달포
손 시렵게 손 내밀며 작별은 안 해도
안쓰러운 것은
제대로 나누지 못한 사랑이 짧아서

그래
소리 소문 없이 가벼운 정情도 챙겨 가는 사람이여
남김없이 발자국도 지우며 가는 사람이여
눈꽃이 지고 나면 그때에 오라
천왕산天旺山 가으로 봄이 와 있으니

속리산에 갔더니

산 깊은 곳이어서 봄 되는 줄도 모르고
연옥보다 더 맑은 물을 떠나지 못한 채
속리산 자락 연못가에 아직도 남아

자태 고운 무지갯빛 품새를
보나니 수컷은 이 땅에 오기를 눈이 멀어서
암컷이 가는 길을 일러 나선다

춘분이 오기 전에 하늘을 날자면
눈보다는 마음 빛이 밝아야 하는 것이
개울 건너 법고 소리 골 안에 차오를 제
약사여래 이르는 비오리의 저 추임새

어미

스님의 속가俗家는 가난하여서
밥 빌러 아들을 절에다 두고
손금이 다 닳아졌지 어미 지극 치성에

마침내 주지住持가 된 스님을 찾아갔다가
문전에서 외면을 당하여
대의강江 나루터에서 실족해 죽은 뒤

훗날 스님의 꿈에 나타난 천상의 어미 이르길
내가 그때 좁쌀 한 톨이라도 받았더라면
어찌 오늘이 있었겠느냐

무슨 조화로 동자승이 잠 깨어 보니
모로 누운 스님의 잠방이 땀에
잠기고도 남고말고 삼천 세계가

날숨과 들숨

수미산을 옮긴대도 미동 하나 없이
단전丹田으로 내쉬고 들이쉬고 앉았으니
드나니 묵상이요 품나니 온갖 망상
한 번 기웃한 사랑도 성가시게 떠오르고
감았던 눈 반개하기로 쉬 지워질 번뇌련가

그렇다면 세상 살기 벅차지나 않지

예나 지금이나 넘는도다

석굴암 건 듯 보고
토함산에 올라 보니
바리바리 공물들이
저쪽 저 길로 해서 서라벌로 들어오고
숯불에 잔 띄워 놀던 곳 즈음해선
남의 각시 어르던 화랑이 시방도 있는가

불국사를 가려면 예서 십 리 길
석굴암 가으로 내려가소서

살며시 뒷담을 넘어가야겠기에
진달래가 앞다퉈 핀 길로 들어섰더니
계집아이 가운데 선 학승의 나들이 좋게
소나무란 소나무는 길가로 비끼어 섰다

네 이놈! 저놈이 담을 넘는다
정문에 사천왕 욕 좀 먹겠다

꽃이 먼저네

순 나오고 잎 나는가 꽃이 먼저네
도봉산 자락마다 만홍 천지라
가려 두고 사는 속내를 그만 들켰다

노고단에 왔더니

상달에 상달을 보러 노고단에 왔더니
달은 하늘로 오르지 않고
발아래 동네 뒷산으로 올라와서는
날더러 동무나 하자 그런다

해넘이 해맞이

이천년 해맞이 경사를 조계사에서 같이하니
본당 앞뜰에는 손에 손에 촛불이다
본존불 가려 두고 차려 꾸민 무대 위에선
알 만한 소리꾼들이 자기 노래를 골라 부르는데
묻나니 그러면, [사람이 꽃보다 아름다운가]

삼계를 품어 안을 화로니라, 그러니 무엇인들 못 태울까
초똥은 녹아내려 경내를 비추고도 오히려 남고
오늘만은 관세음보살을 닮은 얼굴들이
저마다 축원하기를 입 안 소리로만 나토는데
그러면 이뤄지는가, 가슴에 품은 뜻이

정작이 이룰 것은 아무것도 없다
오늘을 어제같이, 내일을 오늘같이
그러고도 남는 만큼은 그대 사랑을 품을 것이니
이리 와 보자
불빛에 얼굴 다시 보자

쪽지

씻는다고 잊힐 일이냐
쪼갠다고 부서질 일이냐
빗금을 그어 놓고 너는 여기 나는 저기
그렇게 갈라서도 되는 인연이란 말이냐

매화나무에 몇 자 적어 놓고 간 쪽지
너는 아무렇지 않으냐
나는 그냥 눈물이 난다

그믐달

서방님은 파시波市로 달포 지나니
더워라, 이 밤 홀로 어이 새우랴
풀어 제친 앞가슴 여미고 보니
하늘가 그믐달이 실룩거리네

아직도 이 몸은

예서 보소서
아직도 이 몸은 이녁이거늘
부르는 대로 차마 못 다가서는
이 몸을 보소서

가만 두소서
안 그래도 이 몸은 이녁이거늘
낮은 곳에 낮을 만큼 서 있는
이 몸 그대로 두소서

회향하소서
사랑할 만큼 사랑하였으니
참말로 이 몸 사랑하시면
이제는 정말로 회향하소서

산다는 건

부富와 명예는 무지개 같아서
좇기를 삼십 년 잡지도 못해
그사이에 반백이니 입신은 멀고
산다는 건 뜬구름 말만 새로워

하지夏至

질경이보다도 더 질긴
이 목숨
어쩔 끄나
해는 길어 삼천이고
입은 늘어 아홉이니

탈 대로 다 타소서

이 한 몸 그리워하는 사람은
길눈이 어두워 못 오는가 싶어
달이 찬 날에도 왼종일 들기름불 밝혀 두고선
집까지 태웠더이다
육신을 반쯤 태워 그리움도 함께 태웠더이다

사는 곳을 묻는 이에게

행려객行旅客에게 머무는 곳이 무슨 의미랴
다만 오고 감이 인생 아닌가

유월 아침에

넉살 좋은 년 술상 가에서 제 팔자짓거리 쏟아 놓듯
흐드러지게 내린다 싶던 간밤 비가 개인 뒤
가렸다 싶었던 산들도
이 아침 온전한 모습으로 다 나오고
흑칠 회칠로 분칠한 건물도 목욕재계 칠보단장을 하고선
이 아침 햇볕을 받아 오히려 화려하다

살다 보니 이런 날도 다 있구나 이 햇빛 찬란한 아침
창문이란 창문은 열 만큼 다 열어 두고
누님이 볶아 보낸 찻잔 잠시 창틀 위에 놓아두고
유월이 다하는 아침을 새로움으로 채울지니
시답잖고 볼썽사나운 일들 혹은 넘치는 미움도 털어 버리고
다시 하나에서 시작하는 새로움으로
이 아침을 맞아야 할지니

은총에 축복은 길지 않은 법 넓지도 않는 법
무대 위 커튼이 닫히면 하나둘 일어나야 하는 법이니
볕 좋은 이 아침
그리운 것들 다 그리워하고

바르게 보아야 보이는 것들 제대로 보아 주고
그러고도 남는 햇볕이 있을 적엔
내가 사랑하는 것들의 이름을 적어 볼 일이다

나비

하늘빛을 닮은 꽃 위론
하늘빛을 닮아 있는 나비가 들고

작은 꽃에 작은 나비
낮은 추임새

기특해라
보는 이 상관없이 꽃으로 나니
바라보는 사람마저
하늘거린다

철도 변 아이들

철도 변 아이들 불쌍도 해라
해 지면 삼삼오오 모여 앉아서
철 이른 담배에 소주잔 놓고
가망 없는 앞날을 한恨하고 든다

태풍颱風

능하고도 능한 손으로 지었음에도
하늘 아래 만재하는 것들 중에서
불순물 같은 실패작 같은
버리지만도 못한 것들 어이할 거나
저걸 칠 일 동안 내 손으로 만들어 놓았으니

정갈한 것들만 남아 있기를
그러려면 다시 틀을 짜 주어야 하는 것이니
아낌없이 날려 버려라
쓸어 버려라 이 질풍
광란의 잔치여

중복에 불러 갔더니

오는 더위를 피하랴 중복中伏이 여기 와 있는데
집 안에 들어 최호崔顥의 황허루黃鶴樓 읽노라니
시외 길 멀다 말고 한번 다녀가란 소리
유유히 지내는 줄 알고 날 위로함이렷다

닭치고 자두 거두어 금년 재미 그만하다며
안식구 솜씨 부려 갖은 양념에 막 건져 낸 수육
잔을 돌려 주며 황구黃狗가 안 보인다 하였더니
황학을 타고 떠났으니 다시 오지 않을 거라고

날 보고 하신 말씀이

1

보았느냐
그래 무엇을 보았느냐
만났느냐
그래 누구를 만났더냐
구하긴 구했고
그래 무엇을 구하였느냐

천금을 얻을 것마냥
만상에 오를 것마냥 해 가지고
그래
오늘을 보자고
금쪽같은 삼십 년을 버린다는 말이냐

2

선생님
달이 뜹니다
잔을 받으십시오

다시 하신다는 말씀이

1

가졌다고
그래 얼마를 가졌느냐
거기서 얼마를 더 가지려고 하느냐

누렸다고
그래 얼마나 더 누리려고 하느냐

인생은 육십이다
그러니 인간아
여기서 더 무얼 바란다는 말이냐
서산이 바로 저기인데

2

선생님
접니다
제가 아닙니다

산은 더욱 낮아서

좋구나 볕 좋은 이 아침
산이란 산은 더욱 낮아서
제 한 몸 낮추기를 거듭하여서
먼 데 가려 두었던 송전탑까지도
완연히 드러나니

그러면 이 아침
해묵은 편지지 꺼내 놓고 앉아
시름없이 지내는 일상사를
적어 볼거나

석류石榴

속속들이 드러내 놓을 수 없지
그래 우리 사랑은 내보여선 안 되나니
언제인가
눈부시도록
이빨 시리도록
우리 사랑 알알이 드러내 놓을 날은

곽가郭家의 처妻

서방님 떠난 뒤로 아침이 차다
반짇고리 물리치고 정한靜閑히 앉아
시방十方세계 삼천갑자三千甲子를 헤아리는데
댓잎 스치는 소리마다
적삼이 무겁다

실눈 같은 하현달이 저기 걸리니
올 시안은 춥고 길고 또한 시릴 터
뉘 있어 고단한 이 심사를 어울려 줄까
예서 포구浦口 길은 달포나 먼 길

댕기머리

비바람에 너울대는 프라다나스
막차를 기다리는 댕기머리야
잎 지는 가을을 한恨하지 말라
그래서 켜켜이 나이테 느니

시도기時到記

합천陜川 甲山 선영을 물어서 가 보니
산자락 아래에 거기가 재실齋室
선후先後를 물어서 스스로 밝히길
나는 박사공博士公 할아버지 이십팔세손世孫으로
그중 통정공通政公 이십일세손 광양 장재 門中인데
河東 光陽에서 高祖父 적 求禮로 와서
거기서 낳고 자라기를 지금에 이르렀지요
아비가 젊어 요절을 한 후 이르는 이 없어
오늘에야 시도기時到記에 이름을 올렸네요

甲山先塋 묘사墓祀에 집사분방執事分榜을 지켜보는데
박사공博士公 초헌관
급사공給事公 아헌관
어사공御史公 종헌관이 다 남다르고
집례執禮 대축大祝이 고을마다 나오는데
가는 붓을 손안에 끝으로 움켜쥐고
奠爵 奉香 奉爐를 구분하는 저 손을 보게나
위에서 아래로 왼쪽에서 오른쪽으로
접은 날개를 펼치고 학이 날아오르듯

一字 거침도 없이 晉州 양반 드물게 보는 文章이로세

시월 열하룻날 甲山 선영 묘사는
헌관 이하 모든 집사가 제복 입고 바로 서면
홀기笏記대로 집례가 설위진설設位陳設을 명하는데
床石에 포장을 치고 향탁香卓 앞에 자리 깔고
뒷줄에 잔盞 반飯 갱羹 시匙
앞줄에 조棗 율栗 이梨 시柿
그런 뒤에 설단設壇에 선강신先降神 후참신례後參神禮라
博士公 給事公 할아버지를 먼저 올리고
나중에 御史公
大將軍 晉原府院君은 參神禮로 시작해서
사람들 선영을 뒤로하고 사진도 찍고 떡도 먹고
내일은 어곡재御谷齋에 이십삼대조 文敬公 묘사墓祀인데
재실齋室로 내려선 이들 주먹밥에 돼지국밥
東으로 西로 南으로 흩어지듯 갈려 간다

삼麻밭

삼밭을 날아드는 비비새들이
놀래라 이 안에 처녀나 낭군
후닥닥 하늘을 차고 오른다

퍼내도 마르지 않는

해가 길어지니 온밤이 짧고
밤이 짧으니 사랑도 멀다

사랑은 퍼내도 마르지 않는 샘이니
적시고 축이리라 다함없는 이 사랑

자벌레는 축지縮地를 하고

윤달이 거년去年이었지 이른 초사월初四月
송송히 올린 연등 반쯤 떠올라
사이로 숙여 벗은 모자 위 보니
천 리 길 떠나려는
자벌레 한 마리 등 굽혀 펴기

목다기木茶器

눈 밝은 목수 만나
새 잔이 되었으니
채우고 채우소서
사월 은근한 찻잎 이슬

시제時制

젊어 사랑은 다만 미래형
지금의 내 사랑 현재형이니
때 되면 이 사랑도 과거형인가

사랑의 무늬

무늬나 있었나요 빛깔은 무슨
우리 사이
아무렇지 않게 다가선 사람 아닌가요

횃불 밝히듯 길목에 서서
임이 오시는가 기다리노라면
몸은 더웁고
익숙한 말씀 몸짓마다 이름을 지으면
사랑이라 하는가요

이제는 가야 한다는 말도
눈물 시리지 않고
홑 가는 길
곁으로 이웃해 준 일로도 행복했나니
행복했나니

「이 도서의 국립중앙도서관 출판예정도서목록(CIP)은 서지정보유통지원시스템 홈페이지(http://seoji.nl.go.kr)와 국가자료공동목록시스템(http://www.nl.go.kr/kolisnet)에서 이용하실 수 있습니다.(CIP제어번호: CIP2015019998)」

아침의 노래

초판 1쇄 발행 2015년 7월 31일

지은이 강정순 **펴낸이** 임정일
편 집 박세인 **디자인** 양동빈

펴낸곳 책나무출판사
출판신고 2004년 4월 22일(제318 · 00034)

주소 서울시 영등포구 신길3동 325 · 70 3F
전화 02 · 338 · 1228 **팩스** 0505 · 866 · 8254
홈페이지 www.booktree.info

ISBN 978-89-6339-447-3 03810